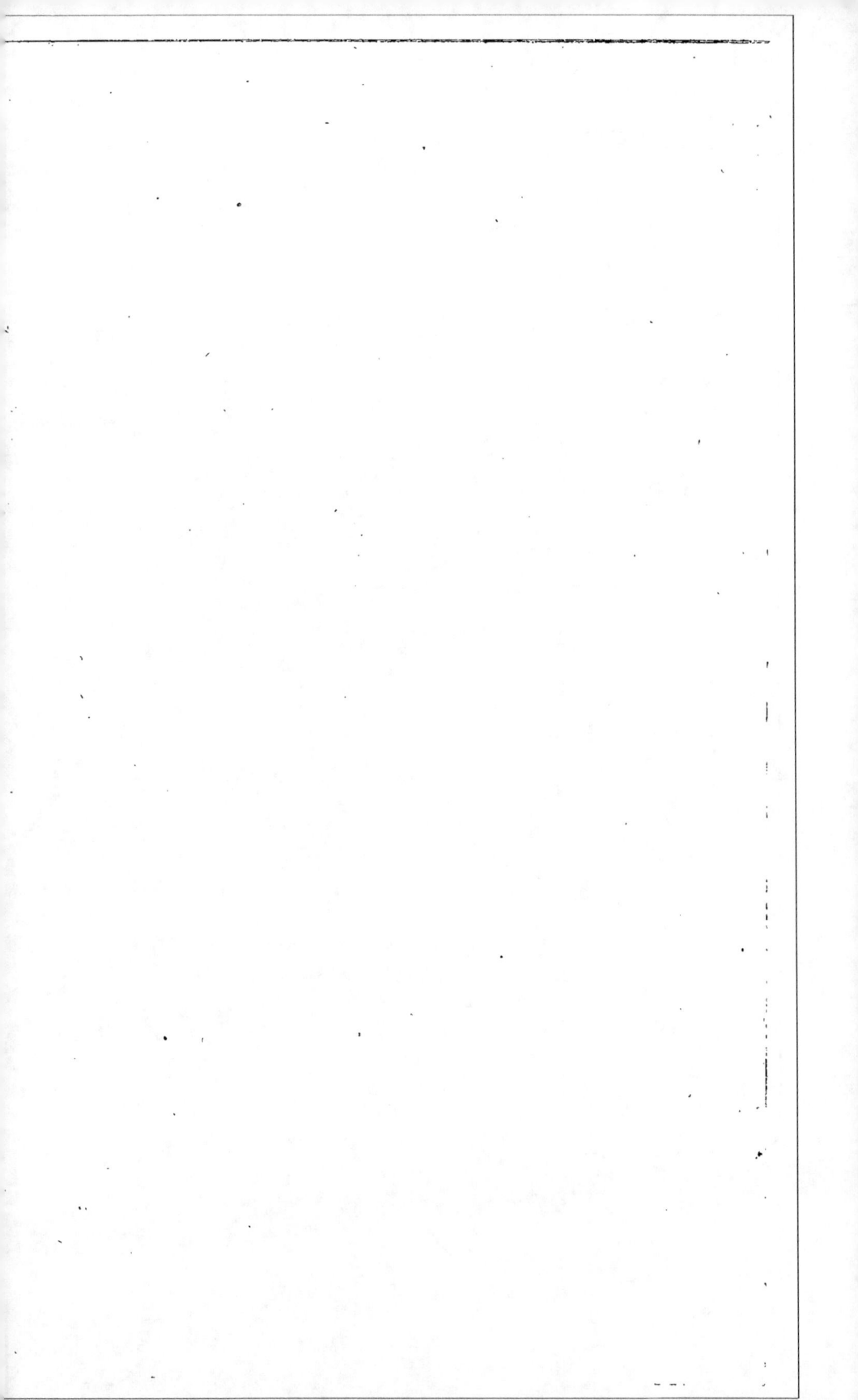

FRAGMENT HISTORIQUE

SUR L'ÉGLISE MÉTROPOLITAINE

D'AVIGNON.

~~~~~~

Par CH. AG. FRANSOY, Jurisconsulte.

A AVIGNON,

Chez ALPHONSE BERENGUIER, Imprimeur-Libraire, vis-
à-vis le Colège Royal.

~~~~~~~

1819.

NOTRE-DAME DES DOMS.

AVANT PROPOS.

TANDIS que nos magistrats, s'occu-
pent de la restauration de notre antique
Métropole j'ai cru devoir m'occuper de
transmettre à la postérité, le souvenir de
ce qu'elle a été et de ce qu'elle est aujour-
d'hui ; j'ai pensé qu'un petit ouvrage sur
cet édifice seroit utile et agréable non-
seulement à mes concitoyens, mais aux
étrangers qui se font un plaisir de le visi-
ter... Je le livre à l'impression et je l'inti-
tule, *Fragment historique sur l'église Métropolitaine d'Avignon.*

Le titre que je lui donne annonce trop
clairement mon objet pour avoir besoin
d'explication par un avant propos, néanmoins par des raisons qui me sont connues,
je crois devoir prévenir certains lecteurs,
qu'en prenant la plume pour faire un opus-
cule à ce sujet, je n'ai pas prétendu donner au public un ouvrage accadémique...
On ne doit donc pas s'attendre à y trouver ces fleurs de réthorique qu'on voit par-
semées dans les pièces d'éloquence ; ni ces
phrases cadencées qu'on rencontre dans

A 2

les discours oratoires, moins encore ces expressions pompeuses que certains écrivains recherchent avec tant de soin et qu'ils répandent avec une profusion quelquefois déplacée dans leurs ouvrages souvent grands par le ton et souvent minimes dans le fond.

Je suis loin de penser que des pareilles beautés et sur-tout le style ampoulé et emphatique conviennent à tous les sujets et notamment à celui que je traite... Les règles sur l'art d'écrire ont reservé le stile sublime à l'art oratoire, les graces poétiques à l'art des vers, les fictions aux romans, et le style simple à l'histoire, je dois donc me circonscrire dans ce dernier, sous peine de violer les règles et de devenir blamable aux yeux des litterateurs judicieux.

La belle nature est la règle générale que le bon goût a prescrit aux écrivains comme aux artistes, elle n'est autre chose que le vrai mis à sa place.

Tout objet représenté d'une manière non naturelle diminue d'autant plus de beauté, qu'il s'écarte davantage de la nature, M. de Catt, de l'académie de Ber-

lin a démontré cette vérité en son savant
mémoire sur le beau.

Rien n'est plus opposé au beau naturel
que d'exprimer des choses simples sur un
ton gigantesque ou emphatique... Le fameux Longin compare ceux qui tombent
dans ce défaut, à un homme qui ouvre une
grande bouche pour souffler peu du vent
dans une petite flûte... Les principes litté-
raires veulent impérieusement que le style
convienne toujours au sujet que l'on traite.

Les ouvrages étant d'une variété infi-
nie, il faut aussi une infinité de styles différents.... Il seroit ridicule de peindre
le carnaval de Venise avec le même ton
et les mêmes couleurs que la fameuse bataille d'Arbelle... Il seroit inconvenant de
relater une Mission, comme on raconte
les contes des fées... Les expressions sont
pour l'écrivain, ce que les couleurs sont
pour les peintres.

Ecrire simplement, c'est dire précisé-
ment ce qu'il faut sans donner ni trop de
de vivacité à ses pensées, ni trop d'éclat
à ses expressions. Le style simple est le
seul qui convienne à tout ce qui est historique. La simplicité n'exclut pas les beau-

tés , mais seulement tout ce qui sent l'af-
fectation de l'écrivain... Le célèbre père
Rapin, a remarqué judicieusement dans
ses savantes réflexions sur l'histoire, que la
simplicité en fait la véritable grandeur. La
bible et les Saints Évangiles , tirent leur
noblesse et leur beauté de la simplicité qui
s'y fait admirer. Le père Berruyer a fait
de son histoire du peuple de Dieu , un véritable roman pour avoir voulu l'embellir
par des peintures variées autant hors
d'œuvre à son sujet , qu'elles sont enchan-
teresses et attrayantes.

En voilà assez pour justifier le style
simple dans les productions historiques ,
et en bannir tout autre style... Celui qui
veut trouver une paille dans l'œil de son
voisin , et qui ignore la poutre qui tra-
verse le sien , mérite d'être plaint , beaucoup plus que blamé.

FRAGMENT HISTORIQUE

SUR L'ÉGLISE MÉTROPOLITAINE

D'AVIGNON.

~~~~~~~

Lætatus sunt in his quæ dicta sunt mihi, in do-
mum Domini ibimus. Pseaume 121.
Je me suis rejoui avec ceux qui m'ont dit que
nous irions dans la maison du Seigneur.

Telles étoient les paroles du Prophète Roi, lorsque sa vive imagination lui représentoit la construction du magnifique temple de Salomon et que le peuple d'Israël habiteroit un jour la Jérusalem céleste.

Telles sont aussi les Paroles que les bons Avignonais ont repétées, et la joie qu'ils ont éprouvés dans leur cœur lorsque leurs magistrats leur ont annoncés la restauration de la ci-devant Métropole.... Nous pourrons donc, se sont ils écriés, aller derechef dans cet antique refuge de la piété de nos pères... Au moins comme monument de l'art... Cette nouvelle a été aussi satisfaisante pour eux qu'à été consolant l'espoir futur d'y aller ensuite comme temple religieux.

Tandis que la ville de Rome, cette cité fameuse a tant de titres, devenue la maîtresse de toutes les autres, la Capitale de l'empire Romain et de la chrétienté, recevoit les préceptes de la foi catholique de la bouche de Pierre, premier vicaire du Christ ; la ville d'Avignon les recevoit

A 4

de la bouche de Marthe, hôtesse de ce même Christ... Tandis qu'une infinité de villes croupissoient encore dans les ténèbres du paganisme et l'ignorance de la vraie foi, tandis qu'elles sacrifioient encore aux idoles, des victimes superstitieuses et inutiles, tandis qu'elles invoquoient encore à leurs secours, cette multiplicité de dieux qui avoient des yeux et qui ne voyoient pas, qui avoient des oreilles et n'entendoient pas, qui avoient des pieds et ne marchoient pas, des mains et ne palpoient pas, qui ne valoient pas même ceux qui les fabriquoient. Par une faveur spéciale, Avignon sortoit des horreurs du paganisme, et recevoit les dons de la grâce et de la foi Catholique. Les temples des divinités fabuleuses des payens, devenoient des temples consacrés à la divinité réelle des Chrétiens.

C'est à Ste. Marthe que la ville d'Avignon doit l'établissement et la propagation de la foi Chrétienne dans son sein, selon la tradition constante et repétée dans tous les âges. C'est elle qui réunit les nouveaux prosélites qu'elle faisoit en l'an 66 de l'incarnation. D'abord dans une grotte souterraine qui existoit sur le rocher et sur laquelle fut bâtie ensuite une chapelle à l'honneur de Ste. Marthe dans le cloître Mètropolitain, c'est enfin dans le temple dédié par les Romains à Hercule l'Avignonais, que Ste. Marthe réunit ses prosélites devenus plus nombreux ensuite de ses prédications.

L'église Métropolitaine tire donc son origine de la grotte, qui fut le premier point de réunion les fidelles et du temple d'Hercule que les payens devenus Chrétiens , consacrèrent au Dieu vivant. Ce temple fut donc le premier où les Avignonais se réunirent pour adorer le vrai Dieu , il est donc bien intéressant à ce titre. Nos concitoyens seront curieux sans doute de connoître tout ce qui est relatif à cet antique monument. Sa création , ses ampliations , ses perfectionnemens , ses destructions , ses réédifications tout devient précieux pour les Avignonais amis de leur patrie et pour les étrangers qui visitent si souvent cet édifice.

L'étude particulière que nous avons fait de l'histoire de notre cité , nous ayant acquis quelques connoissances , que grand nombre de nos concitoyens n'ont pas , nous croyons favoriser leurs désirs en leur faisant part dans ce fragment historique de ce dont nous sommes instruits par l'effet de nos recherches.

Les savans de notre Ville , reverront avec plaisir ce qu'ils ont su tout comme nous et le vulgaire verra avec plus de plaisir encore , des détails qu'il ne trouveroit qu'avec peine ailleurs.

Ce temple agrandi , détruit et réédifié , devînt l'église Cathédrale d'Avignon , sous le nom de Notre-Dame des doms. Elle fut d'abord soumise à la métropole de Vienne , et ensuite à celle d'Arles. Elle fut érigée elle même en métropole , le 21 Novembre 1474 , par une bulle expresse du pape Sixte IV , en faveur de Julien du Rouëre , alors évêque d'Avignon , qui devint archevêque ayant pour suffragant les évêques de Vaison , de Cavaillon et de Carpentras ; et ensuite papé sous le nom de Jules II. Après la mort de Pie III, qu'il remplaça sur la chaire de St.-Pierre.

La construction originaire de ce temple est attribuée aux Romains qui subjuguèrent les Grecs Ioniens fondateurs d'Avignon, et s'en emparèrent par la force des armes, l'an du monde 3702.

Sous les Grecs il n'existoit qu'un seul temple, sur le sommet du rocher, il étoit consacré à la déesse Diane divinité si honorée par les Grecs, que toute la Grèce étoit parsemée de temples à son honneur, celui d'Ephese étoit si beau qu'il passoit pour une des merveilles du monde. Devenus maîtres d'Avignon, les Romains érigèrent aussi un temple non loin de celui de Diane, qu'ils dédièrent à Hercule l'Avignonais, auquel ils étoient plus dévoués qu'à Diane. Ils placèrent devant ce temple la statue d'Hercule sur un piédestal, portant l'inscription suivante.

Herculi Avennico deo potenti protectori
C. Tuscilius pro civium Vennicorum suscepto
voto. T. M. D. D.

Cette statue a subsisté jusques en 1366, époque où le pape Urbain V, la fit briser ainsi que le piédestal, les matériaux furent engloutis dans les murs de la partie du palais qu'il faisoit construire à cette époque. Cette statue avoit continué de recevoir jusques-là certains honneurs, le peuple quoique devenu Chrétien avoit conservé l'usage d'orner sa tête de couronnes de fleurs certains jours de l'année, usage que ce Pape voulut abolir pour détruire dans Avignon toute idée d'idolâtrie et toute mémoire des dieux du paganisme.

Ce temple étoit construit à antes qui étoit la forme la plus simple parmi celles des temples des Romains ; ils ne présentoient selon Vitruve que des pilastres angulaires appelés *antes* ou *parastates* à ses encoignures, et deux colonnes ordinairement d'ordre Toscan aux côtés de la porte. *Templum antis ornatum.* Devenu la première église d'Avignon, son intérieur fut mis à la convenance du nouveau culte qui s'y exerça et tout ce qui avoit rapport aux cérémonies payennes fut annihilé.

La première destruction de ce temple devenu église, est attribuée aux Francs qui ravagèrent les Gaules depuis 308, jusques en 310. Tout l'édiffice fut mis en ruine, en haine des Chrétiens, on ne laissa subsister que le porche seul et le portique formant la porte d'entrée actuelle de l'église. L'un et l'autre présentent encore aux yeux des curieux, cet air d'antiquité qui atteste l'ouvrage de cette nation belliqueuse. Les vrais conoisseurs y distinguent le goût et les formes des temples à antes qui sont si différents des temples Tetrastiles, Prostiles, Amphiprostiles, Peripteres, Diptères, Pseudodiptères, Hypètres, Monoptères et autres structures des temples des Romains qu'il n'y a pas a s'y méprendre. Inutilement voudrions-nous connoître l'intérieur de cet ancien temple, tout ce que nous pourrions dire ne présenteroit aucune certitude. Tout à l'exception du porche et du portique de ce temple ayant disparu, nous sommes absolument sans connaissance positive.

Peu après les ravages des Francs dans les Gaules, Constantin ayant succédé à Constance son père dans l'empire d'Occident , se mit à la poursuite des Francs , fit prisonniers deux de leurs Rois , passa le Rhin , les surprit et tailla en pièces leurs armées.

Nous sommes forcés de faire ici une digression en faveur de Constantin réparateur des ravages des Francs , pour arriver à la restauration de notre église Cathédrale.

Constantin poursuivit Maxence ligué contre lui avec Maximin jusques aux environs de Rome , où il lui livra bataille. Maxence fut reduit à prendre la fuite et se noya dans le Tibre.

Demeuré vainqueur , Constantin entra dans Rome en triomphateur , le Sénat le déclara le lendemain premier Auguste et grand Prêtre de Jupiter , en 312.

Licinius , empereur d'Orient et Constantin empereur d'Occident protégèrent les Chrétiens jusques-là persécutés. Ils rendirent l'un et l'autre des ordonnances en leur faveurs , non-seulement ils leur firent restituer leur biens saisis et séquestrés pendant la persécution ; mais ils leur permirent le libre exercice de leur religion et les admirent aux charges publiques de l'état.

Par un malheur trop commun aux hommes , les deux empereurs se brouillèrent entre eux. Licinius devenu jaloux de la gloire de Constantin , conçut contre lui une haine implacable. Pour mortifier Constantin , il recommença à persécuter les Chrétiens dans ses états.

Aigris l'un contre l'autre , les deux empereurs en vinrent aux mains , à Cibales dans la Panonie , après un combat sanglant, Licinius fut vaincu , forcé de fuir et de demander la paix. Constantin la lui accorda , mais cette paix ne fut pas de durée , les empereurs reprirent les armes , un violent combat s'engagea près de Calcedoine. . Licinius vaincu de nouveau se sauva a Nicomédie ,. où Constantin le poursuivit , le saisit et le fit étrangler en 323.

Resté seul maître des empires d'Orient et d'Occident , Constantin s'occupa à maintenir en paix les deux états , à protéger par-tout les Chrétiens et à bâtir des églises à Rome , en Italie , et dans les Gaules... Il convoqua un concile à Arles contre les Donatistes , un autre à Nicée en Bithynie où il assista en personne , d'où il ordonna de reconstruire aux dépens de son trésor impérial plusieurs églises et entr'autres celle d'Avignon.

C'est en vertu de cette ordonnance que l'église Cathédrale d'Avignon fut reconstruite en 325 , sur le même lieu où étoit l'église de Ste. Marthe , plus anciennement le temple d'Hercule. On adapta le porche et le portique subsistant à la nouvelle reconstruction de l'église.

Ce qui prouve que Constantin a fait réédifier cette église , c'est le chiffre $\underset{A}{} \overset{P}{X} \underset{n}{}$ qui se trouve en plusieurs endroits sur ses murailles , c'étoit en effet le signe ou marque dont on fit usage sur toutes les églises que fit contruire Constantin dont la modestie fut si grande qu'il ne voulut jamais permettre que son nom fut mis sur aucun édifice.

Les historiens assurent qu'il se moquoit fort de Trajan , en ce qu'il fit graver son nom sur tous les édifices qu'il fit construire , quelques petits

qu'ils fussent , et que par dérision Constantin appeloit Trajan l'herbe pariétaire.

Nous devons néanmoins observer ici que ce
chiffre a été en usage chez les Chrétiens des
premiers siècles.

Ce chiffre étoit nommé *Chrisimon* et se trouvoit par fois entre les caractères A ∩ , ainsi que
l'assure Licetus en son sixième livre , des lampes
cachées des anciens , *Chap.* 48.

On se servoit aussi de ce chiffre , même pour
les choses profanes , ainsi que l'assure Claude
Pignorius , célèbre antiquaire en son traité des
esclaves.

Outre ce , Constantin n'est pas le seul qui ait
fait usage de ce chiffre , certains empereurs s'en
sont servis jusques à Julien l'Apostât en 361.

On le trouve sur les médailles de Constance et
de plusieurs autres. Les simples particuliers s'en
servoient aussi quelque fois , on trouve des tombeaux
et des lampes sepulcrales portant le même chiffre et quelques fois entre les caractères A. ∩.

Antonius Augustinus , archevêque de Taragone ,
très-fameux antiquaire en son dialogue des médailles , assure que c'étoit autrefois la coutume
de graver le *Chrisimon* sur les frontispices des
temples.

De-là résulte que par la seule existence du
Chrisimon sur les murailles de l'église Métropolitaine , on ne peut pas péremptoirement conclure
que Constantin en a été le reconstructeur, puisque tant d'autres ont fait usage du *Chrisimon* ;
mais on peut conclure que son existence , est une
preuve très-favorable à Constantin , puisque le

Chrisimon a été la seule marque apposée sur ses édiffices.

Ceux qui ont écrits sur la restauration de cette église et notamment Valladier, Suares, Noguier, Fantoni et autres ont tous assurés, qu'elle a été reconstruite par Constantin, les archives métropolitaines renfermoient plusieurs actes qui venoient à l'appui de ces opinions et la constante tradition a toujours été conforme, nous pouvons donc dire avec tous ceux-là, que l'église Métropolitaine a été reconstruite par Constantin.

L'église Métropolitaine dédiée à l'Assomption de la Ste. Vierge, sous la dénomination de Notre-Dame des Doms, est presque contigue au palais apostolique. Elle est précédée d'un parvis élevé, vulgairement appelé plate-forme où l'on a arboré la Croix de la Mission de 1819, au même lieu où étoit autrefois la statue de l'Hercule Avignonais dont nous avons parlé. Ensorte que par un événement fortuit et non recherché, la Croix paroît s'être élevée sur les ruines de l'idolâtrie payenne; et par un autre événement aussi casuel, les quartiers de pierres extraites de la place de la commune, formant autrefois un ouvrage des payens, ont également servis pour faire le piédestal de la Croix, les quatre piédestaux destinés aux adorateurs et toutes les marches circulaires qui servent de fondation à la Croix.

Tout a si bien concouru pour donner lieu à un événement non concerté ni prévu qu'on pourroit presque le regarder comme un effet de la providence en faveur du triomphe de la Croix, sur l'idolâtrie payenne. On arrive à ce parvis lattéra-

lement , par un escalier magnifique ; mais dé-
gradée de 30 marches et 15 marches plus spa-
cieuses pour arriver sur le parvis , il est soutenu
par des murailles décorées de moulures en lam-
bris et d'une corniche d'un goût récent, dont
les brêches annoncent les dégradations révolutionnaires que l'église a éprouvée ; de l'autre côté
on arrive à ce parvis , par deux glacis qui permettent son abord même aux voitures.

Un premier portique extérieur et à fronton ,
se présente d'abord aux regards des curieux.
Deux colonnes cannelées surmontées de chapiteaux
dans l'ordre Toscan , soutiennent une frise riche
en sculture et très-déliée. Le retour du côté du
nord a été refait. Un bâtiment détruit étoit adossé
contre ce porche et rendoit inutile ce retour ,
qu'on a formé , mais qu'on n'a pas sculpté.

Entré sous ce porche , on foule aux pieds les
tombeaux de plusieurs grands hommes dont les
cendres honorent Avignon , on y voit une voûte
fleurdélisée , en 1664 époque où Avignon étoit
occupé par le Roi de France Louis XIV ; et des
peintures plus anciennes , où l'outre mer avoit
été employé d'une main libérale , une Sainte
Vierge sur la porte et un Sauveur dans le fronton d'ancienne peinture , et des ornemens analo-
gues, accompagnent cette représentation. La peinture dont on voit les vestiges sur les murs laté-
raux , est du pinceau du fameux Simon Memmius,
sous le règne de Clément VI , elle fut faite en
1349 , aux frais du cardinal Cecano.

Cette peinture qu'on ne distingue qu'avec peine
aujourd'hui et dont certains peintres se sont
permis

permis d'enlever artificieusement l'outremer représentoit St. George sur son cheval, armé d'une
lance dont il perce un dragon, et une ville représentant Jérusalem.

Plusieurs assurent que le St. George étoit le
vrai portrait de Pétrarque, que le peintre Memmius copia, et que la demoiselle ou dame qui
est à genoux à ses pieds vêtue d'une robe verte,
étoit également le portrait de la Belle Laure
héroïne tant de fois chantée par ce célèbre et
immortel poëte, on voit encore une partie des
vers qu'on attribue à Pétrarque et que nous trans-
crivons ici n'étant pas facile de les lire sur le mur.

Miles in armâ ferox, bello captare triumphum
Et solitus vastas, pilo tranfigere fauces
Serpentis tetrum Spirantis pectore fumum
Ocultas extingue faces in bella Georgis.

Le portique intérieur est formé de deux colonnes cannelées en ligne spirale et d'un arceau
à plein ceintre formant la porte, et de deux grandes colonnes angulaires sur lesquelles repose le
fronton intérieur. Quoique sa forme diffère du
premier, néanmoins on voit le même goût et la
même antiquité Romaine.

Le clocher qui domine ce portique intérieur,
présente deux pilastres angulaires et un au milieu.
Dans sa base, des colonnes abandonnées dans la bâtisse supérieure; plusieurs sont étonnés de cet aban-
don qui rend l'ouvrage incorrect, nous en avons
découvert la cause dans une note du jésuite Valadier, elle nous instruit que le clocher de la Mé-

B

tropole s'écroula en 1405, tandis qu'on chantoit les vêpres, et qu'il ne fut refait qu'en 1431, il resta donc vingt-six ans en ruine. Dans la nouvelle bâtisse on abandonna les colonnes dont on voit encore les bases, jusques à 4 ou 5 pieds. Le père Valadier s'exprime ainsi.

Anno 1405 campanaria turris domnensis, dum preces vespertinæ haberentur, ruina inopinata concidit... Restituta fuit anno 1431.

Un acte du 20 Aoust 1417, reçu par Guillaume Mathei et André Guichon; notaires dont l'extrait existe dans les archives de la Ville, prouve que le conseil général accorda aux chanoines Métropolitains, cent ducats d'or de seize gros, pour rétablir leur clocher et refaire les cloches, à raison duquel don le chapitre s'obligea de faire sonner tous les soirs à neuf heures pendant l'hyver la retraite citadine qu'on appeloit vulgairement *le chasse rimbaud*; c'est-à-dire, chasse maraudeur ou malfaiteur de nuit. Après cette retraite ceux qui se permettoient de courir les rues, étoient arrêtés et punis. Le chapitre s'obligea en outre de faire sonner le conseil de la Ville chaque fois qu'il devoit s'assembler. L'Hôtel-de-Ville actuel, n'étoit pas encore Hôtel-de-Ville; il existoit sur la rue du collége de la Croix, et n'avoit ni cloche ni clocher. Le conseil étoit convoqué par billet et par voie de trompette.

Entré dans l'église on y trouve un vestibule à l'antique destiné autrefois pour les pénitens publics, la voûte plus récente fut refaite en 1431, une partie est ornée de rosaces en mosaïques sculptées d'un fort bon goût, et l'autre partie est en peinture; c'est en suite de ce vestibule que l'on chantoit la prière : *Inter vestibulum et altare ploramus*, etc.

Les deux niches qu'on rencontre avant d'entrer dans l'église, étoient remplies à droite de la statue de St.-Pierre en marbre blanc, assis et tenant les clefs de l'église et par une urne antique de marbre noir à gauche représentant le dépôt du beaume salutaire de l'église.

Le vaisseau de l'église présente dans son pourtour une tribune formant frise surmontée d'un balustre à jour, soutenu sur des culs-de-lampes, d'une riche sculpture, tous différens entre eux, et néanmoins uniformes au coup d'œil.

Sur le sanctuaire, existe un dôme sur quatre rangées d'arcs doubleaux, qui s'élèvent graduellement, et sur lesquels porte une voûte en coupole qui donne sur l'autel un jour mystérieux. Tous les angles présentent des colonnes, ainsi que le pourtour de l'église; ce qui prouve que dans la reconstruction, par Constantin, on a voulu suivre le goût à antes des Romains.

Derrière le sanctuaire, étoit le chœur des chanoines dont la construction plus récente annoncé une ampliation faite dans le dix-septième siècle. Toute la partie, formant le demi cercle, est nouvelle; elle ne présente aucune continuation de la frise supérieure, ni des colonnes qui finissent environ 6 pieds après la ligne parallèle à l'autel.

Dix chapelles environnent la nef. Elles étoient presque toutes ornées de sculpture, sur marbre et sur pierre, analogue à leurs objets : on voit encore de beaux restes de sculpture dans ces cha-

(20)

pelles , que l'on restaureroit aisément et principale-
ment dans celle de la résurrection et du chapelet.

Dans l'une d'elles , dont la voûte menace
ruine aujourd'hui , on voit le siège des Papes qui
ont habités dans Avignon , depuis 1308 jusques en
1377. Siége qu'occupèrent également les Papes
existans, pendant le grand schisme d'Occident ,
depuis 1378 jusqu'en 1403.

Après l'extinction définitive de ce schisme , qui
n'eut lieu qu'en 1411 , sous le règne d'Alexandre V,
élu Pape au Concile de Pise , ensuite de la destitu-
tion des deux Papes contendans , savoir Grégoire
XII, Pape á Rome , et Bénoît XIII, Pape à
Avignon , sans décision lequel des deux étoit le
Pape légitime , le Cardinal Pierre de Thurei , Légat
d'Avignon fit sceller ce siége dans le mur à douze
pieds d'élévation où il a resté depuis lors ; il a
éprouvé diverses mutilations , pendant la révolution, qu'on pourroit réparer à peu de frais.

Outre la grande quantité de tableaux des plus
grands maîtres qu'on voyoit dans cette église, elle
renfermoit des reliefs sur pierre et sur marbre,
émanés des ciseaux des plus habiles sculpteurs. On
y trouvoit une grande quantité de mausolées des
Princes , des Évêques , des Archevêques , des Cardinaux et des Papes Jean XXII et Benoît XII...
Nous serions trop long si nous voulions énumérer
ici cette série de mausolées qui existoient ou qui
existent encore dans cette église. Nous nous bor-
nerons aux plus apparens, et à ceux qui ont été
élevés à la gloire de ceux qui sont marquans dans
l'histoire de notre cité.

Le plus apparent est celui de Jean XXII. Il est
formé de divers arceaux, les uns sur les autres ,

et surmontés par des pyramides simétriques ornées de feuillages et de plusieurs figures.

Il fut d'abord élevé au milieu de l'église, en
1335, époque de la mort de ce Pape. Tout
magnifique qu'étoit ce tombeau, il étoit mal placé
au milieu de l'église, non-seulement il gênoit dans
une foule de circonstances, mais il masquoit le
maître-autel; par respect pour cet illustre défunt,
on l'y laissa pendant 425 ans. Enfin, en 1759,
la raison et la convenance l'emportèrent sur les
égards et les déférences : le tombeau fut démonté,
pierre par pierre, et remonté au milieu de la chapelle de St.-Joseph, à côté droit du sanctuaire. La
translation de ce tombeau ne put être opérée, sans
faire l'ouverture du cercueil. On y trouva le corps
de Jean XXII ayant cinq pied de long, les bras
croisés sur la poitrine, des gans blancs de soie
aux mains, une bague d'or avec une pierre bleue
au doigt, une tunique violette en soie, une chape
ronde enrichie de perles fines et de broderies, représentant les douze Apôtres, avec le pallium, une
mitre de soie blanche, à deux pendans cramoisis,
des bas et des pantoufles de soie blancs. Ce corps
avoit été embaumé dans le temps; et s'étoit assez
bien conservé, après 425 ans de sépulture.

On ne tarda pas à juger qu'il gênoit encore au
milieu de cette chapelle, à l'extrémité de laquelle
se trouvoit la sacristie. On démonta derechef le
tombeau et on le remonta contre le mur latéral
où on le voit encore aujourd'hui. On l'enfonça
quelques pieds au-dessous du sol en glacis de cette
chapelle, vu que la naissance de la voûte donnoit une moindre hauteur que le milieu.

B 3

Ce tombeau si long-temps respecté par nos pères, et respectable à tant de titres, fut mutilé en
1793. Le sépulchre fut ouvert, le plomb fut em-
porté et le corps exhumé fut mis en lambeaux avec
le plus blâmable mépris. Quelques révolutionnaires immoraux, pour ne rien dire de plus, se par-
tagèrent les vêtemens et le plomb. Le nommé R...
eut à sa part la tête de ce Pape, dont il jouoit
comme d'une boule, et l'anneau d'or que nous
avons vu et touché de nos mains. Il est facile de
juger qu'elle a été la fin de cette précieuse dépouille
tombée en des pareilles mains. Le mausolée, quoique fort mutilé, peut être aisément restauré. Il
présente encore un ancien monument digne de
l'attention des curieux, par sa forme et parce qu'il
a été le dernier dépôt d'un Pape fameux à plusieurs titres.

Le tombeau de Bénoît XII, successeur de
Jean XXII, sur la chaire de St. Pierre, mérite
également les regards des curieux. Il est dans la
chapelle ci-devant des tailleurs. On y lisoit l'inscription : *Hic subsunt cineres et ossa Benedicti XII,
Pontificis maximi qui fuit oriundus ex oppido sa-
varduno diœcesis apamiensis, etc.* Il est adossé contre le mur, sous un arceau chargé d'ornemens ana-
logues à son objet et au goût de 1342, époque
de la mort de ce Pape, et de la confection de ce
tombeau. Nous n'avons pas su que le cercueil ait
été ouvert; dans ce cas, le corps y est encore.
L'intrigue ni la politique, n'influencèrent point
sur la nomination de Bénoît XII à la papauté. Par
un effet de la Providence, rare dans les élections des
Papes, le Cardinal Jacques Dufour, dit le Cardinal

Blanc, se trouva élu unanimement par le sacré Collége, sans la volonté d'aucun Cardinal, et sans désir de l'élu. Le Conclave, indécis sur le choix à faire, procéda par voie de présentation seulement. Tous le présentèrent pour Pape, ensorte qu'il fut déclaré Pape comme réunissant la totalité des suffrages. Il fut si étonné lui-même de son élection, qu'il voulut vérifier le scrutin en entier pour pouvoir se le persuader. La preuve ayant été parfaite, il dit au sacré Collége : Vous m'avez élu Pape ; eh bien, vous avez élu un âne ! Il n'étoit pourtant pas tel, étant très-savant théologien et fort bon jurisconsulte. L'histoire de son règne prouve qu'il a tenu son rang parmi les grands Papes, et qu'il n'étoit pas indigne de la chaire de Saint-Pierre.

C'est Bénoît XII qui ajouta la troisième couronne à la tiare papale. Boniface VIII y avoit ajouté la seconde, et le Pape Hormisdas avoit mis la première dont Clovis, roi de France, lui fit présent. Ces couronnes ont illustré la tiare dans le monde. Les Papes devinrent les plus puissans monarques sur la terre, comme ils l'étoient dans l'église ; mais, le dirons-nous ? ces couronnes firent naître l'ambition, le faste et l'orgueil. Si, d'un côté, elles ont élevé les Papes sur la terre, de l'autre elles ont porté un grand échec à la vraie vertu. Depuis St.-Pierre jusques à Hormisdas, on compte cinquante-quatre Papes dont quarante-un sont portés sur le catalogue des Saints. Depuis Hormisdas, jusques à Pie VII, on compte cent soixante-quinze Papes dont neuf seulement sont décrits sur la sainte décurie. Quelle différence ! Saint-Pierre n'eut qu'un bonnet pour couvrir sa tête ; il ne fût jamais souverain temporel. Il ne destitua ni Rois ni Empereurs ; son siège à Antioche et à Rome ne fut illustré que par ses miracles. Par lui, Enée paralytique recouvra l'usage de ses membres. Sa guérison opéra la conversion des habitans de Lidde. La résurrection de Tabithe produisit le même effet sur ceux de Joppé et de tant d'autres.

Mal-à-propos les Clavigers de la métropole se permettent de montrer, aux étrangers, d'autres tombeaux, comme étant ceux des autres Papes d'Avignon. Il n'en a jamais été inhumé que deux dans l'église métropolitaine, Jean XXII et Bénoît XII. En indiquer davantage, c'est abuser de la bonne-foi des personnes peu instruite de l'histoire.

Clément V, premier Pape qui a siégé à Avignon, mourut à Roquemaure ; il fut transféré dans l'église de St.-Siffrein à Carpentras ; et, de là, dans l'église abbatiale d'Useste, où fut dressé un superbe tombeau. Ce Pape y fut déposé le 27 août 1314, avec une inscription. Jean XXII et Benoit XII, 3me. pape dont nous venons de parler.

Clément VI, quatrième Pape qui a siégé à Avignon et qui en fit l'acquisition en 1348, y mourut le 6 décembre 1352. Ses obsèques y furent faites solennellement ; son corps fut déposé à Notre-Dame, d'où il fut transféré dans l'église du monastère de la Chaise-Dieu, ainsi qu'il l'avoit ordonné ; c'est dans cette abbaye que Clément VI avoit été éduqué.

Innocent VI, 5me. pape d'Avignon y mourut le 12 Septembre 1362, après son convoi funèbre son corps fut déposé sur un lit de parade dans

l'église Notre-Dame et transféré peu de temps
après à Villeneuve-lés-Avignon , il fut placé dans
un tombeau au milieu du chœur de l'église des
Chartreux , qu'il avoit établis dans le palais pa-
pal qu'il possédoit à Villeneuve et qui dès-lors fut
appelé la vallée de bénédition.

Urbain V , 6me. pape d'Avignon , mourut le
19 Décembre 1370 , Dans le palais du cardinal
Grimoaldi son frère , aujourd'hui appartenant à
M. Pamard , chirurgien. Il fut déposé provisoi-
rement dans l'église Notre-Dame et transféré ensuite dans l'église de l'abbaye St. Victor , de Mar-
seille , dont ce pape avoit été abbé. Son tombeau
étoit venéré dans cette église, Urbain V , étant
mort en odeur de sainteté.

Grégoire XI , 7me. pape d'Avignon , se trans-
porta à Rome le 13 Septembre 1377 , et y mourut 70 jours après son arrivée , le 27 mars 1378 ,
il fut enseveli à Rome. C'est après sa mort qu'eut
lieu le détestable Schisme d'Occident.

Clément VII , 1er. pape pendant l'existence du
Schisme , mourut à Avignon le 16 Septembre
1394 , après le convoi funèbre son corps fut déposé dans l'église de Notre-Dame où il resta jusqu'à la fin de la construction de l'église des cé-
lestins , Il y fut tranféré en 1396 , et placé au milieu du chœur dans un tombeau ornée des statues
des douze Apôtres et ceint d'une grille de fer.

Benoit XIII 2me. pape , pendant le Schisme
sortit furtivement d'Avignon , le 12 Mai 1403 ,
pendant qu'il étoit assiégé dans son palais , il se
retira à Chateau-Renard , il parcourut plusieurs
villes de la Provence et enfin il se fixa à Paniscola

dans l'Aragon , où il mourut en Juin 1423 , âgé
de 90 ans , son corps fut déposé dans la chapelle
du château de Paniscola , et transféré à Igluera
ville d'Aragon , dont ses parents étoient sei-
gneurs , il reposa en paix dans ce tombeau après
avoir tourmenté l'église et toute l'Europe Chrétienne pendant près de 30 ans.

Nous avons indiqué ici la sepulture de tous les
papes qui ont siégé dans Avignon , comme une
sauve-garde contre l'abus des récits fabuleux que se
permettent de faire ceux qui pour quelque intérêt ,
donnent des détails sur la Métropole d'Avignon.

Un des mausolées dont l'extérieur ne présente
rien de pompeux , mais dont le grand homme qu'il
renferme mérite notre respect ; c'est celui d'*Œgide*
de *Bella-Mera* qu'on trouve à côté droit du grand
autel , avec une inscription. Ce savant , après avoir
professé le droit en l'université d'Avignon , depuis
1374 , jusques en 1382 , y acquit une si grande
réputation dans cette chaire , qu'il fut considéré
comme un des plus savans de l'Europe. Il a composé une si grande quantité d'ouvrages en Droit
Canon que la vie d'un homme suffiroit à peine
pour les lire ; il fut nommé auditeur de Rote à
Avignon et auditeur du pape ; ensuite Evêque de
Lavaur, d'Anexi et d'Avignon , où il mourut en
1407. Il fut inhumé dans ce tombeau qui mérite
les hommages de la postérité. Lecteurs qui ver-
rez son nom , ne contemplez point l'extérieur peu
imposant du cercueil ; mais vénérez le grand mérite et le talent qui distingua l'homme qui y est
enseveli et que la mort seule rendit légal de tous
les défunts.

Le tombeau du grand et brave Louis-Berton

de Crillon doit fixer aussi l'attention des curieux, quoique l'extérieur n'offre rien à contempler. Il est, dans le sanctuaire, à côté gauche du grand autel, près du trône archiépiscopal. Cet illustre Avignonais, ce général intrépide, l'un des plus grands capitaines de son siècle, le soutien des Rois de France, une des plus fortes colonnes du trône de France ; le confident d'Henri III ; l'ami intime d'Henri IV ; le brave, enfin, par surnom et par excellence, nâquit au château de Murs en 1541. A l'âge de 15 ans, il se trouva au siége de Calais et contribua beaucoup à sa prise ; il se signala dans les fameuses journées de Dreux, de Jarnac de Montcontour, et notamment dans la bataille de Lépante en 1571 ; au siége de la Rochelle en 1573, à la journée des Barricades à Tours. Une lettre d'Henri IV lui disoit de se pendre, pour n'avoir pas eu part à la bataille d'Arques, ayant été partout ailleurs. Nous ferions volontiers un panégyrique à l'honneur de cet illustre et magnanime Avignonais, tant la matière abonde. Il mourut à Avignon en 1615, et fut inhumé á la métropole. Le lieu n'étant pas propice pour lui élever un tombeau digne de sa gloire, sa famille lui éleva un cénotaphe dans sa chapelle de l'église des Cordeliers. Ce qui a fait croire à plusieurs qu'il y avoit été inhumé.

Près de ce tombeau, on voit celui d'un autre Jean-Louis de Crillon, Archevêque de Narbonne, avec une inscription sur une pièce de marbre, servant de pavé. Cet illustre personnage, également Avignonais, mérite nos respects par le rang qu'il a tenu dans l'église et dans l'état.

On voit , dans la chapelle du chapelet , le tombeau en marbre blanc et noir , richement décoré, de l'archevêque Grimaldi, il a été très - peu mutilé , pendant la révolution , et sa réparation seroit peu coûteuse. On voit, dans la même chapelle , le tombeau de Mgr. Antoine Flores, digne Archevêque d'Avignon : dans le même tombeau furent ensevelis Felicien Capiton Archev. et le Cardinal d'Armagnac, avec son buste, actuellement brisé. On voit aussi le tombeau de Mgr. Flores ; son épitaphe ne peut se lire : *Antonius Flores , hujus civitatis Archiepiscopus. Petrus Flores nepos charissimus ob pietatem posuit.* Et celui de Mgr. de Marinis , très-mutilé, avec cette inscription : *Frat. Dom. de Marinis romano ex gente patricia genuensi Archiepiscopo Aven. etc.* La mémoire de cet illustre Prélat doit être chère à tous les Avignonais, par son amour ardent pour les pauvres, par sa piété exemplaire et sa science profonde. Il répandoit ses trésors dans les mains des indigens , et a comblé de bienfaits le mont-de-piété : il fut regretté des grands et des petits. Ses bienfaits dans notre ville l'ont rendu immortel. Rome lui doit le bel édifice appellé la Minerve.

Dans la chapelle de la résurrection , on voit deux magnifiques tombeaux dont l'un portoit un squelette , chef-d'œuvre de sculpture qui a été presque entièrement brisée ; il renferme le corps de l'Archevêque Hiacinthe Libelli. Et l'autre , faisant la symétrie, renfermoit le corps de l'Archev. Rostaing de Marguerites , décédé en 1196, trouvé lorsqu'on refit la chapelle, et porté dans ce tom-

beau. Cette chapelle, supérieurement ornée en
sculpture, étoit et est encore un chef-d'œuvre par
sa coupe; la voûte en coupole et son dôme en mi-
niature; les reliefs relatifs à la Ste. Vierge sont
encore entiers et peu mutilés. Les quatre statues
des évangélistes qui existoient dans les niches for-
mans l'octogone, sont absolument brisées et ne
paroissent plus susceptibles d'être restaurées.

On voit sous le banc des Consuls, les restes du
tombeau détruit d'un de nos illustres concitoyens
de notre siècle que nous avons vus et entendus,
le célèbre Louis Poulle, Abbé de Nogent, dont
l'éloquente voix a si souvent fait retentir les voûtes des temples royaux de la capitale et d'ailleurs;
qui a tant honoré la chaire apostolique, par ses
talens oratoires, et qui a enrichi nos bibliothèques
d'une partie de ses sublimes sermons.

Tous les tombeaux des divers cardinaux qui
existoient dans la chapelle du St. Siége, ont été
détruits et brisés, ainsi que ceux des Archevêques, Princes et autres illustres personnes. Nous
ne nous étendrons pas davantage sur les mausolées
et les illustres défunts que renfermoit cette église,
le nombre en est si grand que nous serions forcé
de faire un volume à ce sujet. Il semble que la
Métropole a été choisie dans un temps pour être
le panthéon d'Avignon, ou plutôt les catacombes
des grands hommes qui ont illustrés notre Ville
par leur naissance, par leur talent ou par leur
mort.

Le sanctuaire pavé de marbre à dessin mosaï-
que, relevé par trois marches de marbre surmontées par un ballustre en marbre rouge, dont

il reste encore des vestiges , étoit enrichi d'un
magnifique autel en ébene plaqué d'argent , le
tabernable surmonté d'une exposition et de deux
anges adorateurs étoient également en argent , et
un chef-d'œuvre d'orphevrerie ; quatre grandes
plaques mouvantes d'argent., représentant l'une
la nativité , une autre la résurrection , une autre
la descente du St.-Esprit sur les apôtres et une
autre l'assomption de la Ste. Vierge , formoient
le devant d'autel qui changeoit de décoration à
chacune de ces fêtes majeures , les gradins étoient
également plaqués d'argent ornés d'une riche cise-
lure. Outre ces richesses qui formoient la masse
totale de l'autel en argent , il étoit chargé de quatre buste , d'argent représentant quatre évêques
d'Avignon , St. Ruf, St. Veredeme , St. Donat
et St. Maxime ; on voyoit au milieu une chapelle d'argent représentant Notre-Dame de Lau-
rette et le chef de Ste. Appollonie en vermeil ,
orné de six chandeliers colossaux , d'une Croix
et de deux Croix processionnelles , aux côtés de
l'autel , une grande Croix et son Christ en or
moulu le dominoit.

Cet autel noble par sa richesse , éblouissant par
son brillant , faisoient l'admiration de tous ceux
qui le regardoient. Dès que les offices étoient fi-
nis , il étoit rare de ne pas y trouver des admi-
rateurs et des artistes de la Ville et étrangers ,
qui le contemploient ou le dessinoient.

On ne sauroit exprimer l'air imposant et noble
qu'avoit cette église les jours des grandes fêtes ,
quoique le vaisseau fut trop petit pour une Métropole , néanmoins il tenoit son rang parmi les

plus belles églises de France. Le soleil couchant
qui frappoit jusques sur le maître autel , rendoit
cette église toute rayonnante , on auroit dit que
chaque objet contribuoit à rehausser l'éclat de
son tout. Il n'y avoit pas jusques à son site et à
son élévation , qui ne contribua à lui imprimer un
air de majesté qu'on ne rencontre pas dans les
églises plus fameuses qu'elle. Le son de ses superbes
cloches et de son fameux bourdon , pénétroit jusqu'au fond de l'âme , et invitoit les communes
voisines aux fêtes qui s'y solemnisoient avec tant
de pompe. Un orgue majestueux où étoient réunis tant de différens jeux qui multiplioient les
simphonies , faisoient rétentir les voûtes des sons
les plus mélodieux et les plus bruyants , sous les
doigts d'un des plus fameux organistes que l'Europe ait produit. *

De l'église on passoit dans un superbe cloître
qui devoit son existence aux libéralités de Charlemagne. Construit dsns le 8me. siècle , le goût
en étoit nécessairement gothique , il offroit un
pourtour quarré et spacieux de cinquante-deux
arceaux soutenus chacun sur deux colonnes aju-
melées de marbre de diverses couleurs , dont les
chapitaux représentoient les actions mémorables
de Charlemagne , depuis son enfance jusqu'à la
confection du cloître. On voyoit au milieu de
ce cloître un grand et magnifique puit creusé à
grand fraix dans le rocher , à une profondeur
majeure , et dont l'eau filtrée à travers le roc ,
étoit d'une bonté et d'une limpidité rare , on

---

* Le Sieur *Pila* Avignonais.

voyoit à côté une immense citerne dont la bâtisse annonçoit une vetusté peu commune, elle avoit été avant la création du puit, le seul moyen d'avoir de l'eau ramassée par l'effet des pluies.

De ce cloître on passoit dans une très-belle chapelle, bâtie en l'honneur de Ste. Marthe, sur la grotte qu'elle habitoit lorsqu'elle catéchisoit les Avignonois et les rendoit Chrétiens ; on trouvoit à peu de distance une très-grande chapelle, élevée à l'honneur de Ste. Anne et de Notre-Dame de Tout Pouvoir.

La Ste. Eglise Métropolitaine, étoit desservie par un chapitre composé de l'Archevêque, d'un Prévôt, d'un premier Archidiacre qui étoit en même-temps Doyen de Tarascon, Prieur de Frigolet et Curé de Laurade, ce qui lui donnoit un revenu de 25000 francs ; un 2me. Archidiacre qui étoit en même temps Prieur de St. Paul de Mauseole, un Thrésorier, un Pénitencier, un Capiscol, tous dignitaires et quinze Chanoines de gremio, quatre Chanoines hebdomadiers, et quatorze Bénéficiers, en tout quarante.

Les Chanoines étoient vêtus de rouge avec camail en hermine et rochet, ils ressembloient des Cardinaux, les Bénéficiers vêtus de violet ressembloient des Evêques.

Ce chapitre magnifique pour l'habit étoit médiocrement renté, il étoit en principe régulier de l'ordre de St. Ruf, il fut ensuite sécularisé et resta tel jusqu'en 1096, époque où il se fit régulier de l'ordre de St. Augustin, ensuite d'une bulle du pape Urbain II, qui passa à Avignon cette année là, il fut ensuite sécularisé de rechef

par

par le cardinal Julien du Rouère , le 6 Juin 1475 ,
ensuite de la bulle du pape , Sixte **IV**.

Chaque dignité Chanoine et Beneficier , avoit
son logement particulier dans le cloître et maisons attenantes au chapitre , ainsi que les divers
Chantres , Musiciens , enfans-de-chœur et les autres Officiers subalternes attachés à ce beau
chapitre.

Cette église fameuse à tant de titres , où ont
été canonisés tant de Saints , où ont été intro-
nisés et couronnés tant de Papes , où ont été sa-
crés et couronnés tant de Rois , où ont été célè-
brées tant de fêtes pompeuses qui ont retenti dans
toute l'Europe , a éprouvé des dégradations hor-
ribles pendant la révolution Française , et la dé-
molition totale du chapitre , du cloître et de tout
jusques de la sacristie , par un Avignonais devenu
acquéreur spéculatif des matériaux , sans s'être enrichi de la valeur de tant de décombres. Le mal
qu'il a fait ne lui a produit aucun profit , et il est
presque irréparable du moins pour le moment.
Grand exemple révolutionaire qui excite les régrets
de tous les vrais Avignonais.

Il ne reste de cette réunion d'édiffices jadis
imposans par leurs situations , leurs richesses et
leur beautés , que la carcasse matérielle et dé-
charnée de l'église Métropolitaine morcelée de
tous les côtés. Tout le reste a disparu sous la
main de l'ambition , de la cupidité et de l'irréli-
gion alors à l'ordre du jour.

Ce que les révolutionnaires n'ont pu ni empor-
ter , ni vendre a été détruit d'une main barbare ;
non contens d'avoir dépouillé cette église d'envi-

C

ron vingt-cinq quintaux pesant d'argenterie matérielle , de ses diamans et perles fines , de ses ra-
res et précieux ornemens de ses peintures admi-
rables et de tout son riche mobilier , ils ont encore brisés et mutilés les ornemens en sculpture
sur pierre et sur marbre , et n'ont presque rien
laissés sans y imprimer les traces de leurs mains
barbares et sacriléges.

Depuis 1792 , époque fatale des horreurs révolutionnaires sur les temples religieux à Avignon , tous les excès ont été commis tour-à-tour
dans notre malheureuse cité , jadis le centre du
bonheur et de la félicité.

En diverses époques et notamment en 1814 ,
la sainte égllse Métropolitaine étoit le logis de
sept à huit cent soldats prisonniers Espagnols ,
hommes , femmes et enfans qui faisoient leurs sal-
les gargottes dans un coin et leurs ordures dans
un autre , ensorte que le peu qui étoit échappé
des mains révolutionnaires a été dévoré par le
feu , la fumée et l'ordure , il n'existe plus ancune
fenêtre dans cette église , tous les vent y sifflent
tour-à-tour et la pluie pénètre par-tout. Tableau
fatal de la France révolutionnée ! depuis plusieurs
siècles nos ancêtres édifioient , et dans quelques
années tout a été anéanti par les prétendus restau-
rateurs de la France.

O vous qui nous succéderez dans notre patrie !
croyez nos assertions que la vérité seule arrache
de notre plume et tenez pour certains , que la
ville d'Avignon a éprouvé un déluge de maux ,
tel que les esprits les plus méchans et les cœurs
les plus pervers ne peuvent pas en enfanter de
plus grands.

Croyez qu'il n'est aucun genre de crime, aucune espèce d'attentats, aucune sorte de perfidie
et de rapine, que les braves Avignonais n'ayent
éprouvés de la part d'une classe d'hommes pervers, qui se disoient patriotes et qui ne cessoient
de déchirer le sein de leur patrie, qui se disoient
amis de l'humanité et qui détruisoient les plus
honnêtes citoyens, qui se disoient amis du peuple
et n'étoient réellement que ses ennemis ; non-
seulement ils détruisoient les temples du Seigneur,
non-seulement ils abolissoient la réligion et le
culte ; mais ils persécutoient tous ceux qui te-
noient aux principes religieux. Ils détruisoient les
maisons de secours et de travail dans leur patrie,
les hospices des pauvres, les hôpitaux des mala-
des, les maisons d'éducations, les conservatoires
des orphelins et des malheureux. Ils avoient en
bouche le mot liberté, et ils rendoient esclaves
la majorité des Français. D'un côté ils plantoient
des arbres et érigeoient des statues à la liberté,
et d'un autre ils créoient par-tout des chaînes,
des maisons d'arrêts, de détention et de réclusion,
ils se disoient les dispensateurs du bonheur et ils ré-
pandoient par-tout la misère et tous les malheurs
qui affligent l'espèce humaine, ils disoient la
France heureuse, et on ne voyoit par-tout que
gibets, que poteaux, qu'échaffauds, où péris-
soient cent fois plus d'innocens que des coupables.
Ils se disoient les réformateurs des abus et ils s'ef-
forçoient de les semer à pleine main sur tous les
coins de la France. La vertu humiliée étoit ré-
duite à se cacher, le vice seul levoit une tête au-
dacieuse... *ô tempora ô mores.*

Tels étoient les hommes ou plutôt les antropo-
phages, auxquels la révolution avoit donné l'es-
sor et sous la tyrannie desquels Avignon et toute
la France ont été asservis sous le règne de la
terreur.

Hommes égarés pendant ce temps d'orage et
de trouble, reconnoissez du moins qu'il existe
une grande différence entre les magistrats d'alors
et ceux d'aujourd'hui, les uns crioient qu'ils vou-
loient le bien du peuple et n'opéroient que la
ruine la plus complette, et les autres s'empres-
sent de reparer les maux qu'ils ont fait, qu'ils ont
fait faire ou qu'ils n'ont pas empêché.

Les uns ravissoient le patrimoine des pauvres
et les autres les alimentent. Les uns annihilloient
les établissemens publics et les autres les réparent
ou les érigent de rechef.

O pauvre peuple Avignonais, tant de fois
trompé, reconnois enfin tes véritables amis, et
après une réelle expérience des bienfaits des uns
et des méfaits des autres, apprends enfin a connoître les hommes, certains que tu préconisois
ont fait leur fortune à tes dépens, et tu as resté
dans tes malheurs et ta misère; réfléchis sur cette
vérité et reconnois-la dans ton cœur si tu n'ose
l'avouer publiquement.

Une mission vivifiante vient de répandre dans
notre cité ses graces et ses faveurs. Du haut de
son trône éternel l'Être immuable, le Dieu de
miséricorde a jetté des regards favorables sur les
Avignonais et les a réunis sous sa main bienfai-
sante. Toutes les haines, les animosités, les ini-
mitiés ont été étouffées dans nos temples, l'of-

fensé a fait le sacrifice de toute vengeance en faveur de l'offensant. Chacun a pardonné ses ennemis , ils ne doivent faire aujourd'hui qu'une seule famille. Les Avignonais ne doivent donc plus se rappeler les malheurs qui ont affligés leur patrie , que pour en gémir devant Dieu , et les oublier entr'eux. D'après les sermens qu'ils en ont fait aux pieds des autels le jour de l'amande honorable.

Le signe de la rédemption arboré sur le parvis de la métropole est redevenu l'étendard de leur foi et de leur réligion commune , c'est au pied de cette Croix qu'ils doivent trouver leur consolation comme Chrétiens et qu'ils doivent apprendre comme Français à être fidelles à leur patrie et à leur monarque. L'édifice de la Métropole va être restauré comme monument de l'art, une fois réparé il pourra de rechef être livré à l'exercice du culte Catholique , du moins nous en conservons l'espoir. Il est juste que cet antique monument de la piété de nos pères , le devienne encore de la piété de leurs enfans , et que Notre-Dame des Doms , les comble de rechef de ses dons et de ses graces. Nous nous écriérons de rechef alors , que nous nous sommes réjouis comme le prophète Roi , en apprenant que nous irions dans la maison du Seigneur , et nous repeterons ses paroles , *Lætatus sum in his quæ dicta sunt mihi in domum Domini ibimus.*

Ille sum ego per quem extincta resurgunt.

EPITAP. Politiani.

FIN.

Se vend à Avignon chez l'Auteur , Rue Philonarde , N.º 8; et chez l'Imprimeur , vis-à-vis le Collège Royal.

www.ingramcontent.com/pod-product-compliance
Lightning Source LLC
LaVergne TN
LVHW022038080426
835513LV00009B/1122